BEI GRIN MACHT SICH IHR WISSEN BEZAHLT

AF130048

- Wir veröffentlichen Ihre Hausarbeit,
  Bachelor- und Masterarbeit

- Ihr eigenes eBook und Buch -
  weltweit in allen wichtigen Shops

- Verdienen Sie an jedem Verkauf

Jetzt bei www.GRIN.com hochladen und kostenlos publizieren

Bibliografische Information der Deutschen Nationalbibliothek:

Die Deutsche Bibliothek verzeichnet diese Publikation in der Deutschen National-
bibliografie; detaillierte bibliografische Daten sind im Internet über http://dnb.d-
nb.de/ abrufbar.

Impressum:

Copyright © 2018 GRIN Verlag
Druck und Bindung: Books on Demand GmbH, Norderstedt Germany
ISBN: 9783668831803

Dieses Buch bei GRIN:

https://www.grin.com/document/446818

Lisa Sachse

Interaktionsmöglichkeiten im Internet

Sicherheit, Flexibilität und Effektivität von Online-Bewerbungen

GRIN Verlag

GRIN - Your knowledge has value

Der GRIN Verlag publiziert seit 1998 wissenschaftliche Arbeiten von Studenten, Hochschullehrern und anderen Akademikern als eBook und gedrucktes Buch. Die Verlagswebsite www.grin.com ist die ideale Plattform zur Veröffentlichung von Hausarbeiten, Abschlussarbeiten, wissenschaftlichen Aufsätzen, Dissertationen und Fachbüchern.

Besuchen Sie uns im Internet:

http://www.grin.com/

http://www.facebook.com/grincom

http://www.twitter.com/grin_com

Interaktionsmöglichkeiten im Internet

Sicherheit, Flexibilität

und Effektivität von

Online-Bewerbungen

in Verbindung mit der DSGVO

von Lisa Sachse

AKAD University Stuttgart

Modulbezeichnung: SWE20 Softwareentwicklung

Datum: 09.07.2018

Inhaltsverzeichnis

1. Einleitung

„Rasche technologische Entwicklungen und die Globalisierung haben den Datenschutz vor neue Herausforderungen gestellt. Das Ausmaß der Erhebung und des Austauschs personenbezogener Daten hat eindrucksvoll zugenommen. Die Technik macht es möglich, dass private Unternehmen und Behörden im Rahmen ihrer Tätigkeiten in einem noch nie dagewesenen Umfang auf personenbezogene Daten zurückgreifen."[1] Das ist einer der 173 Beweggründe für die Schaffung der Verordnung „zum Schutz natürlicher Personen bei der Verarbeitung personenbezogener Daten, zum freien Datenverkehr und zur Aufhebung der Richtlinie 95/46/EG (Datenschutz-Grundverordnung)", kurz DSGVO, vom 27. April 2016 - eine europaweite Datenschutzrichtlinie, die am 25. Mai 2018 in Kraft getreten ist. Sie ist maßgebend für die Interaktion von natürlichen und rechtlichen Personen im Internet.

In diesem Beleg untersuchen wir die DSGVO unter einem sehr spezifischen Gesichtspunkt. Es geht um die Beurteilung der Sicherheit, Flexibilität und Effektivität einer konkreten Interaktionsmöglichkeit im Internet - dem Übersenden von Bewerbungsunterlagen über das Internet und dessen Implikationen. Dies werden wir kurz „Online-Bewerbung" nennen. Unsere Fragestellung lautet:

Wie ist die Online-Bewerbung als eine Interaktionsmöglichkeit im Internet

- **bei den Kriterien Sicherheit, Flexibilität und Effektivität**
- **für Unternehmen und Bewerber**
- **in Bezug auf die Vorgaben der DSGVO zu beurteilen?**

Welche Vorkehrungen sollen beide Seiten treffen, um die Sicherheit, Flexibilität und Effektivität zu erhöhen?

Nach einer kurzen Einführung in die Themen Interaktion im Internet und Online-Bewerbung untersuchen wir die drei genannten Kriterien und dazu passende Abschnitte der DSGVO, um jeweils eine Beurteilung vorzunehmen. Abschließend leiten wir konkrete Maßnahmen für zur Erhöhung der drei Kriterien für Unternehmen und Bewerber ab. Dabei ziehen wir häufig den Vergleich zur der Papier-Bewerbung als den traditionellen Counterpart der Online-Bewerbung.

---

[1] DGSVO 2016, Abs. 6

2. Grundlagen

In diesem Kapitel behandeln wir die Themen Interaktion im Internet und Online-Bewerbung. Zunächst definieren wir den Begriff „Interaktion", da dieser sowohl bei der Online-Bewerbung als auch in der DSGVO eine zentrale Rolle spielt, denn Datenschutz wäre ohne Interaktion gar nicht nötig. Es folgen einige Beispiele und eine kurze Referenz zum Begriff „Web 2.0", der der Inbegriff von Interaktion über das Internet geworden ist. Dann betrachten wir kurz die Online-Bewerbung, insbesondere im Hinblick auf den Nutzen, den sie für Unternehmen und Bewerber bringt. Abschließend planen wir das weitere Vorgehen zum Untersuchungsgegenstand.

2.1. Interaktion und Internet Internet

Der Duden definiert „Interaktion" als „aufeinander bezogenes Handeln zweier oder mehrerer Personen; Wechselbeziehung zwischen Handlungspartnern".[2] Neuberger[3] und seine Definitionen erweitern den Begriff um die Möglichkeit der Verwendung von „interaktiven Medien", wie dem Internet, zur Interaktion, sowie um die Tatsache, das Interaktion intentional erfolgen muss.

Damit definieren wir *Interaktion im Internet* im Rahmen dieses Belegs als: **intentional aufeinander bezogenes Handeln (Mitteilen und Verstehen) zweier oder mehrerer natürlicher oder rechtlicher Personen über das interaktive Medium „Internet".** Dazu gehört zum Beispiel der Austausch über Hobbies auf Foren, Chats mit dem Kundensupport eines Anbieters oder das Nutzen der Suchfunktion in einem Online-Shop. Die umfassenden Interaktionsmöglichkeiten, die das Internet, insbesondere das World Wide Web, heute bietet, werden in dem Begriff Web 2.0 zusammengefasst. Im Vergleich zum Web 1.0 ist das Web 2.0 dynamischer, interaktiver und multimedial. Die Grenzen zwischen Anbietern und Nutzern verschwimmen.[4]

---

[2] Dudenredaktion o.J., „Interaktion", Abrufdatum 19.06.2018
[3] vgl. Neuberger 2007, S. 37
[4] vgl. Hein 2007, S. 12

2.2. Die Online-Bewerbung

Die weitreichende Interaktivität, die das Internet heute bietet, eröffnet sowohl Privatanwendern, als auch Unternehmen und sonstigen Organisationen zahlreiche neue Chancen und Möglichkeiten. Geschäftsprozesse, wie die Personalbeschaffung, können überdacht und mithilfe des Internets völlig neu gestaltet werden.

Die Online-Bewerbung ist ein Teil des sog. E-Recruitings, welches „eine Erweiterung der bisher bekannten Möglichkeiten der Personalbeschaffung dar[stellt], indem der gesamte Bewerbungsprozess (auch ‚Workflow' genannt) mittels eines onlinegestützten Systems digital über den PC abläuft."[5]

Das E-Recruiting erlaubt die Optimierung der Personalbeschaffung zum Beispiel durch Ressourceneinsparung, ein erhöhtes Bewerberinteresse durch längere Anzeigenschaltung und eine effiziente Bewerbungsbearbeitung.[6]

2.3. Vorgehen bei der Beurteilung

Die Beurteilung der Übermittlung von Bewerbungsunterlagen über das Internet soll möglichst multidimensional unter den Gesichtspunkten Sicherheit, Flexibilität und Effektivität erfolgen. Daher nehmen wir zwei Perspektiven ein - die der Bewerber und die der einstellenden Unternehmen und wir ziehen den Vergleich zur klassischen Papier-Bewerbung per Post. Wir suchen konkrete Vorschriften der DSGVO, die jeweils die Sicherheit, Flexibilität und Effektivität von Online-Bewerbungen erhöhen sollen und/ oder können und testen sie auf Stärken und Schwächen.

---

[5] Weise 2011, S. 51
[6] vgl. Weise 2011, S. 55

3. Beurteilung der Online-Bewerbung

Hier untersuchen wir die drei Kriterien Sicherheit, Flexibilität und Effektivität sowie die DSGVO. Im vierten Kapitel folgt eine Zusammenfassung der Erkenntnisse, das Fazit und konkrete Vorschläge zur Umsetzung der Maßnahmen der DSGVO.

3.1. Beurteilung der Sicherheit

Der Duden definiert *Sicherheit* als den „Zustand des Sicherseins, Geschütztseins vor Gefahr oder Schaden; höchstmögliches Freisein von Gefährdungen"[7] Welche Gefahren bestehen für Bewerber und welche für Unternehmen beim Übersenden bzw. Empfangen von Bewerbungen über das Internet?

Gefahren für Bewerber

- Unternehmen missbrauchen die Daten - verbreiten sie und nutzen sie anderweitig gegen den Willen des Bewerbers

- die Daten werden schon bei der Übertragung abgehört

Diese Gefahren sind Gefahren des Datenschutzes. Datenschutz ist der „Schutz natürlicher Personen bei der Verarbeitung personenbezogener Daten"[8] und personenbezogene Daten sind „alle Informationen, die sich auf eine identifizierte oder identifizierbare natürliche Person [...] beziehen".[9] Somit sind Datenschutz und Sicherheit hier synonym.

Gefahren für Unternehmen

Unternehmen haben aufgrund ihrer Stellung im Bewerbungsverfahren mehr Einfluss auf den Ablauf des Bewerbungsprozesses und sind weniger Bedrohungen ausgesetzt. Es geht eher um Datensicherheit statt Datenschutz. Unternehmen müssen sicherstellen, die Bewerbungsunterlagen nicht zu verlieren.

---

[7] Dudenredaktion o.J., „Sicherheit", Abrufdatum 19.06.2018
[8] vgl. Titel der DSGVO
[9] DSGVO 2016, Artikel 4 Nr. 1

Die DSGVO selbst nennt ähnliche Gefahren als Definition der „Verletzung des Schutzes personenbezogener Daten": „eine Verletzung der Sicherheit, die, ob unbeabsichtigt oder unrechtmäßig, zur Vernichtung, zum Verlust, zur Veränderung, oder zur unbefugten Offenlegung von beziehungsweise zum unbefugten Zugang zu personenbezogenen Daten führt, die übermittelt, gespeichert oder auf sonstige Weise verarbeitet wurden".[10] Sie ist genau auf die Vermeidung dieser Gefahren ausgerichtet.

Maßnahmen der DSGVO zur Erhöhung der Sicherheit

Die DSGVO schreibt vor, dass Unternehmen „geeignete technische und organisatorische Maßnahmen" (TOM) aufstellen und dies bei Bedarf vor der Aufsichtsbehörde nachweisen können müssen.[11]

Bei der technischen Gestaltung sind zwei Konzepte entscheidend - der *Privacy by Design*, festgelegt in Artikel 25 Abs. 1, und der *Privacy by Default*, festgelegt in Artikel 25 Abs. 2:

- Privacy by design: „technische Maßnahmen, die dem Schutz personenbezogener Daten dienen, [müssen] bereits bei der Entwicklung von Vorgängen mit einbezogen werden"[12], also auch bei unserer Online-Bewerbung

- Privacy by default: „die Voreinstellungen [müssen] bereits datenschutzfreundlich sein [...], sodass die personenbezogenen Daten von Verbrauchern auch ohne besondere Anpassungen von vornherein geschützt sind"[13].

Es geht also darum, den Datenschutz so fest in der IT des Unternehmens zu verankern, dass er stets gewährt ist. Maßnahmen zur Verschlüsselung bei der Übertragung der Daten sind auch konkret gefordert.[14]

---

[10] DSGVO 2016, Artikel 4 Nr. 12
[11] vgl. DSGVO 2016, Artikel 24 Abs. 1
[12] Berufsverband der Rechtsjournalisten e.V. o.J., S. 6
[13] Berufsverband der Rechtsjournalisten e.V. o.J., S. 6
[14] vgl. DSGVO 2016, Artikel 32, Abs. 1 Bustabe a

Artikel 32[15] fordert außerdem folgende konkrete TOM:

- die Pseudonymisierung und Verschlüsselung personenbezogener Daten

- die Fähigkeit, den Datenschutz auf Dauer sicherzustellen

- die Fähigkeit, den Zugang zu personenbezogenen Daten nach einem Zwischenfall rasch wiederherzustellen

- ein Verfahren zur regelmäßigen Verbesserung der TOM aufzustellen

Weiterhin bilden die Grundsätze in den ersten Artikeln der DSGVO und deren Einhaltung einen allgemeinen Standard an die Sicherheit, zum Beispiel die Tatsache, dass personenbezogene Daten nur zweckgebunden erhoben und verwendet werden dürfen[16], dass die Verarbeitung der Daten nur unter bestimmten Bedingungen rechtmäßig ist, u.a. durch Einwilligung der betroffenen Person (was auch nachweisbar sein muss[17]) oder weil es durch eine rechtliche Verpflichtung erforderlich ist.[18]

Bestimmte Daten zum Beispiel über Religion, politische Anschauung, Sexualität oder ethnische Herkunft, sowie genetische und biometrische Daten[19] dürfen nur mit ausdrücklicher Einwilligung des Betroffenen verarbeitet werden.

Beurteilung der Sicherheit

Die DSGVO adressiert alle potentiellen Gefahren, die wir am Anfang dieses Kapitels genannt haben, sowohl zum Datenschutz für Bewerber, als auch zur Datensicherheit für Unternehmen und nennt, mehr oder minder konkrete, Maßnahmen zu dessen Bannung. Die Formulierung „unter Berücksichtigung der Art, des Umfangs, der Umstände und der Zwecke der Verarbeitung sowie der unterschiedlichen Eintrittswahrscheinlichkeit und Schwere der Risiken für die Rechte und Freiheiten natürlicher Personen"[20] gibt den Unternehmen einen gewissen Handlungsspielraum und schränkt damit die Sicherheit der

---

[15] vgl. DSGVO 2016, Artikel 32 Abs. 1
[16] vgl. DSGVO 2016, Artikel 5
[17] vgl. DSGVO 2016, Artikel 7 Abs. 1
[18] vgl. DSGVO 2016, Artikel 6 Abs. 1
[19] vgl. DSGVO 2016, Artikel 9
[20] DSGVO 2016, Artikel 24 Abs. 1

Bewerber ein. Allerdings ist diese Freiheit in Bezug auf die Wirtschaftlichkeit und Zweckmäßigkeit wichtig - die besten Sicherheitsvorkehrungen nutzen nichts, wenn sie so teuer sind, dass das Unternehmen wegen ihnen insolvent wird. Die Tatsache, dass Unternehmen ihre Maßnahmen und Entscheidungen im Zweifelsfall vor den Behörden beweisen müssen, schafft hier Abhilfe.

Insgesamt ist die Sicherheit der Online-Bewerbung also sehr hoch, vorausgesetzt diese Maßnahmen werden auch umgesetzt. Die sehr hohen Bußgelder, bis zu 20 Million EUR bzw. 4% des Jahresumsatzes[21] sorgen aber für die notwendige Motivation.

3.2. Beurteilung der Flexibilität

Wie flexibel ist das Übersenden einer Bewerbung über das Internet? Hierbei geht es vor allem darum, wie viel (Gestaltungs-)Freiheit Unternehmen und Bewerber beim Übersenden der Bewerbung haben.

Flexibilität und Freiheiten des Bewerbers

Im Vergleich zur Papier-Bewerbung bietet die Online-Bewerbung wesentlich mehr Flexibilität: die Anzahl der übermittelten Seiten ist nicht durch das Fassungsvermögen einer physischen Bewerbungs-Mappe begrenzt, es können multimediale Inhalte problemlos übermittelt werden, die Datei-Formate sind frei wählbar, die Bewerbung kann zu jeder beliebigen Uhrzeit von jedem beliebigen Ort auf der Welt kostenlos übertragen werden und sie kann beliebig oft dupliziert werden und kostengünstig an eine große Zahl an Unternehmen gesandt werden.

Dennoch gibt es auch Einschränkungen bei der digitalen Übertragung: Dateien müssen komprimiert werden, um die Vorgaben des Unternehmens einzuhalten, was zu einem Qualitätsverlust führen kann. Generell ist der Bewerber in der Hinsicht, *wie* er seine Daten überträgt im großen Maße an die von Unternehmen angebotenen Optionen gebunden.

Flexibilität und Freiheiten des Unternehmens

Grundsätzlich bedeuten digitale Bewerbungen über das Internet auch beim Unternehmen mehr Flexibilität. Es kann quasi beliebig viele Bewerbungen zu jeder beliebigen Zeit unter

---

[21] vgl. Berufsverband der Rechtsjournalisten e.V. o.J., S. 6

der präferierten Adresse empfangen und die Bewerbungsunterlagen dann theoretisch beliebig im Unternehmen weiterleiten, speichern und verarbeiten.

Die DSGVO zwingt die Unternehmen aber, einen Teil ihrer Freiheit und Flexibilität zu Gunsten der persönlichen Rechte der Bewerber zu opfern. Unternehmen müssen nun ihre Daten gezielt organisieren, um den Vorgaben der DSGVO gerecht zu werden.

Zum einen zwingt die Forderung nach geeigneten technischen und organisatorischen Maßnahmen zum Schutz der personenbezogenen Daten der Bewerber[22] Unternehmen zum Anpassen alter Vorgänge.

Ein anderes Thema ist die sogenannte Datenportabilität, die Bewerben das Recht gibt, „die sie betreffenden personenbezogenen Daten, die sie einem Verantwortlichen bereitgestellt [haben], in einem strukturierten, gängigen und maschinenlesbaren Format zu erhalten, und [...], diese Daten einem anderen Verantwortlichen [...] zu übermitteln [...]".[23] Auch dieser Pflicht müssen Unternehmen in irgend einer Weise nachkommen können.

Insgesamt schränkt die DSGVO die Unternehmen, nicht aber die Bewerber in ihrer Flexibilität in der Hinsicht ein, dass sie den Schutz der personenbezogenen Daten der Bewerber intensiv beachten müssen. Die DSGVO zwingt die Unternehmen, bewusster mit den Daten, die sie von Bewerbern erhalten umzugehen. Dies muss nicht zwangsweise negativ sein, zwingt es doch zu einer höheren Effizienz, wie es im folgenden Kapitel untersucht wird.

3.3. Beurteilung der Effektivität

Bei der Beurteilung der Effektivität wollen wir analysieren, inwieweit das Übersenden der Bewerbungsunterlagen über das Internet seinen Zweck erfüllt. Diese Frage ist schnell geklärt - der Zweck, potentielle Arbeitgeber mit den nötigen Informationen für eine erste Entscheidung (Einladung zum Bewerbungsgespräch etc.) zu versorgen ist ohne oder mit DSGVO gegeben. Die heutigen technischen Möglichkeiten und

---

[22] vgl. DSGVO 2016, Artikel 24 Abs. 1
[23] DSGVO 2016, Artikel 20 Abs. 1

Datenübertragungskapazitäten erlauben eine sinnvolle Übertragung aller relevanten Daten.

Deswegen wollen wir uns dem Thema *Effizienz* widmen. Erfüllt die Online-Bewerbung nur ihren Zweck, oder tut sie dies auch mit besonders hoher Wirtschaftlichkeit?

Im Vergleich zur Papier-Bewerbung erhöht die Online-Bewerbung die Effizienz. Hier sei nur auf die Vorteile des E-Recruitings, die im Kapitel 2 genannt sind, verwiesen. Außerdem werden Papier und Druckertinte gespart und somit profitiert auch die Umwelt. Andererseits ist es für Menschen manchmal angenehmer, Papier in der Hand zu halten und Informationen in gedruckter Form zu konsumieren, vor allem um Anmerkungen zu notieren.[24]

Welchen Einfluss hat die DSGVO auf Effizienz der Online-Bewerbung? Wie schon in der Überleitung des vorangegangenen Kapitels angedeutet, kann die DSGVO die Effizienz der Online-Bewerbung für Unternehmen wesentlich erhöhen, da sie nun sorgsamer mit den Daten umgehen müssen.

In diesem Zusammenhang wollen wir die Rechte, die die DSGVO natürlichen Personen, wie Bewerbern einräumt, betrachten. Sie haben ein umfassendes Auskunftsrecht über die von ihnen gespeicherten Daten (Artikel 15 DSGVO), das Recht auf Berichtigung (Artikel 16 DSGVO) und das Recht auf Vergessenwerden (Artikel 17 DSGVO). Zudem muss ein Verzeichnis über die „Verarbeitungstätigkeiten" geführt werden (Artikel 30 DSGVO). Es sei zusätzlich an die Datenportabilität aus Artikel 20 DSGVO erinnert.

All diese Regelungen müssen Unternehmen technisch und organisatorisch umsetzen. Vorbei sind die Tage, wo die Personaler die Unterlagen in einem verwilderten Dateisystem ablegen, die Daten per Copy and Paste in die Bewerber-Datenbank übertragen und schließlich die Bewerbungsunterlagen per E-Mail an alle möglichen Manager verteilen konnten. Alles müssen Unternehmen nun genau durchdenken und planen und das kann zu großen Effizienz-Gewinnen führen, wenn Unternehmen diese Chance sehen und wahrnehmen, anstatt die Forderungen der DSGVO nur wiederwillig und halbherzig umzusetzen.

---

[24] vgl. O'Hara et al 1997, S. 1

Für Bewerber hat die DSGVO insofern Einfluss auf die Effizienz, dass sie nun rechtlich eine stärkere Stellung haben und einfacher an gewünschte Informationen bei ihren potentiellen Arbeitgebern gelangen und ihre Daten besser sammeln und angleichen können.

4. Fazit und konkrete Maßnahmen

Aufgrund der hier durchgeführten Untersuchungen, schneidet die Online-Bewerbung, genauer das Übermitteln der Bewerbungsunterlagen über das Internet als eine Interaktionsmöglichkeit im Internet bei allen drei Kriterien, Sicherheit, Flexibilität und Effektivität, sehr gut ab. Auch im Vergleich zur klassischen Alternative, dem Übersenden der Bewerbungsunterlagen per Post in Papier-Form bietet die Online-Bewerbung für Bewerber und Unternehmen viele Vorteile und stellt eine wesentliche technologische Weiterentwicklung dar. Auch wenn die Umsetzung der DSGVO vielen Unternehmen vielleicht Kopfzerbrechen bereitet, so kann sie nicht nur für Bewerber, sondern auch für die Unternehmen selbst eine wesentliche Verbesserung in Sicherheit, Flexibilität und Effektivität bewirken. Eine Zusammenfassung der Stärken und Schwächen der Online-Bewerbung folgt in der ersten Tabelle. Die zweite Tabelle fasst den Einfluss der DSGVO auf die drei Kriterien zusammen. In der dritten Tabelle sind einige konkrete Maßnahmen in Hinsicht auf die DSGVO vermerkt, die Bewerber und Unternehmen ergreifen können, um die drei Kriterien für sich zu erhöhen.

Die DSGVO ist sehr umfassend und kann wesentlich intensiver analysiert und nach den drei Kriterien beurteilt werden. Dieser Beleg beleuchtet nur einen sehr kleinen Teil des Themas, er bietet aber dennoch einen ersten Überblick.

	Stärken der Online-Bewerbung	Schwächen der Online-Bewerbung
Sicherheit	• Möglichkeit der Verschlüsselung von Daten • Gefahr des Datenverlustes ist geringer	• Missbrauch der Daten ist einfacher • Gefahr des Abhörens von Daten • Datenschutz ist schwerer einzuhalten
Flexibilität	• Überwindung räumlicher und zeitlicher Grenzen • Multimedia-Formate möglich • Problemlose, kostengünstige Übertragung und Vervielfältigung	• Qualitätsverlust bei notwendiger Komprimierung • Unternehmen muss die Übertragungswege bereitstellen

	Stärken der Online-Bewerbung	Schwächen der Online-Bewerbung
Effektivität	• Erfüllt den Zweck, der Übermittlung der zur Bewerbung notwendigen Informationen vollständig • ermöglicht eine höhere Effizienz bei Bewerber und Unternehmen aufgrund der Digitalität	• manchmal ist die Arbeit mit Papier angenehmer

	Die DSGVO **erhöht** das jeweilige Kriterium durch:	Die DSGVO **senkt** das jeweilige Kriterium durch:
Sicherheit	• Festschreiben konkreter Maßnahmen z.B. Pseudonymisierung und Grundsätze z.B. Datenvermeidung • Privacy by Design und Privacy by Default • Hohe Geldstrafen bei der Missachtung der Vorgaben	• Ermessensspielraum bei der Wahl „geeigneter Maßnahmen"
Flexibilität	• Recht auf Datenportabilität • Vorgaben wie Datenportabilität und Auskunftsfähigkeit zwingen zu flexibler und wohl durchdachter Datenhaltung in Unternehmen	• Unternehmen müssen ihre Prozesse entsprechend der DSGVO anpassen • zu strenge Vorgaben der DSGVO schränken Unternehmen ein
Effektivität	• zwingt Unternehmen zu einer höheren Effizienz • stärkt die rechtliche Stellung von Bewerbern und erhöht dadurch ggf. ihre Effektivität im Bewerbungsprozess	• Umsetzung der DSGVO fordert zusätzliche Ressourcen im Unternehmen

	Maßnahmen, die Bewerber treffen können, um das jeweilige Kriterium zu erhöhen	Maßnahmen, die die Verantwortlichen in Unternehmen treffen können, um das jeweilige Kriterium zu erhöhen
Sicherheit	• Bestehen auf eine verschlüsselte Übertragung der Bewerbungsunterlagen • Nachfragen über die Maßnahmen zum Datenschutz, die das Unternehmen ergreift	• Anbieten einer verschlüsselten Übertragung z.b. mittels PGP via E-Mail oder über verschlüsselte Protokolle bei Online-Portalen • Umsetzung der konkret vorgeschlagenen Maßnahmen der DSGVO wie Privacy by Design und Default, Pseudonymisierung usw.
Flexibilität	• Bestehen auf seine neuen Rechte wie die der Datenportabilität, wenn sinnvoll	• Nutzen möglichst modernen und flexibler Software, die die Vorgaben der DSGVO bei angenehmer Bedienung erfüllt
Effektivität	• die Vorteile der Digitalität nutzen, um einen möglichst geringen Aufwand beim Erstellen und Versand der Bewerbung zu erzielen	• Umsetzung der von DSGVO vorgeschriebenen Maßnahmen mit einer positiven Einstellung; die Vorgaben als Chance sehen, die Effizienz des Bewerbungsprozesses zu steigern

Literaturquellen

Berufsverband der Rechtsjournalisten e.V. (o.J.): *Die Europäische Datenschutzgrundverordnung Änderungen für Verbraucher und Unternehmen*, Berlin

DSGVO (2016): *VERORDNUNG (EU) 2016/679 DES EUROPÄISCHEN PARLAMENTS UND DES RATES vom 27. April 2016 zum Schutz natürlicher Personen bei der Verarbeitung personenbezogener Daten, zum freien Datenverkehr und zur Aufhebung der Richtlinie 95/46/EG (Datenschutz-Grundverordnung)*, Brüssel

Dudenredaktion (o. J.): *„Interaktion"* auf Duden online. URL: https://www.duden.de/suchen/dudenonline/interaktion (Abrufdatum: 19.06.2018)

Dudenredaktion (o. J.): *„Sicherheit"* auf Duden online. URL: https://www.duden.de/rechtschreibung/Sicherheit#Bedeutung1 (Abrufdatum: 19.06.2018)

Hein, A. (2007): *Web 2.0: das müssen Sie wissen*, o.O.

Neuberger, C. (2007): *Interaktivität, Interaktion, Internet Eine Begriffsanalyse*, Münster

O'Hara, K. et al. (1997): *A Comparison of Reading Paper and On-Line Documents*, Cambridge

Weise, D. (2011): *Rekrutierung der Net Generation E-Recruiting mit Hilfe von Web 2.0-Tools*, Hamburg